노을꽃

노을꽃

초판 1쇄 인쇄 | 2024년 10월 28일
지은이 | 김정의
펴낸이 | 이재욱(필명:이승훈)
펴낸곳 | 해드림출판사
주 소 | 서울 영등포구 경인로82길 3-4(문래동1가 39)
　　　　센터플러스빌딩 1004호(07371)
전 화 | 02-2612-5552
팩 스 | 02-2688-5568
E-mail | jlee5059@hanmail.net

등록번호　제2013-000076
등록일자　2008년 9월 29일

ISBN　979-11-5634-599-2

이 책은 〈한국 예술인 복지재단〉에서 예술활동 준비금을 지원받아 제작되었습니다.

金貞義 시집

노을꽃

해드림출판사

시집을 내면서

사계四季의 소풍 길
어느새 해 뉘엿뉘엿한 노을 녘에 이르러
지나온 길 돌아보니 발자국마다
크신 임의 은총이었습니다.

때마다 감동을 안긴 대자연의 너른 품,
힘들고 외로울 때 함께하며
잡아주고 이끌어주신 고마운 인연들
그 끈끈한 사랑에
감사를 드립니다.

삶의 길목 길목에서 받은 감격을
시답잖은 '노을꽃'에 송이송이 담아놓고
그래도 설레는 것은
어여뻐 읽어주셨으면 하는 간절함 때문입니다.

늘 돌보시고 지켜봐 주시는 스승님, 함께한 문우들 감사합니다. 이 시집 발간에 애써주신 해드림 출판사 이승훈 사장님, 표지를 꾸며준 조카 김인자, 발문을 써 준 아들과 응원 해준 두 딸에게도 고마움 전하며, 사는 날 동안 건강하게 읽고 쓰길 소망합니다.

2024년 가을
조원동 천사호(1004호)에서
金貞義

차례

시집을 내면서　04
발문 | 사유 깃든 황혼의 노래_윤기현　155

1부　파도를 넘자

곡선曲線의 꿈	12
가려거든	14
나의 굴렁쇠	15
나무의 시간	16
낮달맞이꽃	17
노을꽃	18
눈을 떠야 봄이지	19
맘을 먹다	20
봄을 잉태한 겨울	22
속울음	23
아린芽鱗의 아린 헌신	24
유월이 오면	25
조약돌의 노래	26
진주조개의 눈물	27
축제의 불꽃쇼	28
털갈이 이클립스	29
파도를 넘자	30
해돋이 찬미	32

2부   피고 지고, 오고 가고

까마중	35
꽃 사랑	36
나, 점 하나의 우주	38
또 다른 힘	40
떼어내며 가는 길	42
만추晩秋	43
망각이 틔우는 싹	44
바람의 말	46
배롱나무꽃	48
메꽃	50
순筍	51
울부짖는가, 폭포여	52
유혹誘惑	54
천도복숭아	56
키메라의 불꽃	58
피고 지고, 오고 가고	60
흔들리며 가는 배	61
색색으로 말하는 색	62

3부   고향 집 풀꽃

12월의 민들레	66
갈까마귀 떼만 우짖고	68
겨울 사랑	70
고구마꽃이 피었다고	72

그 봄날의 까투리	74
그 불빛들	76
꽃상여 추억	78
다이아몬드 프린세스호의 시간	80
고향 집 풀꽃	82
당신의 손	83
망월담望月潭 스케치	84
메밀, 그 오묘한 여섯 빛깔	86
소풍 길	88
엉겅퀴 생각	90
초록에 안겨	92
훨씬 커라, 커야 한다	94
젖먹이 추억	96

4부　빚에 대하여 빚진 자

보랏빛 신비	99
12월의 사랑차	100
가시의 독백獨白	102
노을빛 연모戀慕	104
말없이 바라볼 뿐	106
뒤늦은 감사	107
빚에 대하여 빚진 자	108
사랑의 열매	109
아기천사들의 몸짓	110
이 말씀에 길이 있어	112
사랑	114

웃는 영정影幀	115
지켜보시는 눈동자	116
큰 가시고기의 사랑법	118
피에타Pieta	120
황제펭귄의 허들링	122
일곱 번의 오늘	124
제야除夜의 촛불	125

5부　시간이 하는 말

고장 난 기계들	128
그 골목길의 유실물들	130
거미줄에 걸린 옥구슬	132
그리움은 살살 달래는 것	133
마중물	134
멍때리기	135
부메랑으로 돌아온 편리	136
불이 물을, 물이 불을 부를 때	138
빗물 소리 소나타	140
빚진 자	142
반지하	144
관악의 품에서	145
시간이 하는 말	146
집에 대하여	148
새까맣게 탄 내	150
함께 열어야 열리지	151
허락된 무소식	152

1부

파도를 넘자

곡선曲線의 꿈

곡선이 꿈을 꾼다
젖은 하늘과 땅 사이에
휘어 내린 빛의 향연
일곱 빛 언약의 무지개
축복의 꿈 펼친다

둥글고 향기롭게
아침 밝히는 해, 밤 노래하는 달
뭉실뭉실한 구름, 구불구불한 강물
늘어진 가지와 동그란 열매들
산마루 굽이도는 바람에 춤을 추는 억새와
이슬 머금은 꽃들에 눈 맞추며
좀 더 느릿느릿 걸어가면 어떠리

풍선처럼 부푼 꿈 안고
항아리처럼 불룩한 배 어루만지는
새 생명 품은 D라인의 여인
해 아래 이토록 아름다운 곡선이 있을까

빳빳하고 뾰족하게 치켜든 인공의 선들
보다 겸허히 굽히고 숙이면 어떠리
인생의 길도 곡선일지니
빤히 내다보이는 끝이면
무슨 맛이 나겠는가

가려거든

손잡고 나선 소풍 길
홍매화 피고 지는 초봄부터
봄날의 한복판을 함께 거닐고
애써 가꾼 여름날의 초록을 거쳐
옹골차게 거둔 결실을 나누고
붉게 물든 잎 바람결에 지듯
만추의 뒤안길로 그리 가려무나.

험한 길, 평이한 길
굽이굽이 돌아오는 동안
자연에 진 신세며
누군가의 기도와 축원 어쩔 수 없다지만
세상의 빚일랑은 남김없이 청산하고
청산 가는 나비처럼 그리 가려무나.

이 땅의 여행 마치는 날
고운 꽃잎 말없이 지듯
어느 먼 빛나는 별에서
다시 만나기로 손가락 걸고
그리 평안히 가려무나.

나의 굴렁쇠

'88년 그 여름 서울올림픽 마당에서
블랙홀처럼 세인의 이목을 빨아들이며
무거운 정적을 뚫고 해처럼 떠올라
둥글둥글 굴렁쇠를 굴리던 소년
그는 지금 어디쯤 가고 있을까

'손에 손잡고 벽을 넘어서~'
우린 저마다의 속도로 세월을 굴리면서
숲 속 오솔길, 마을 옆 신작로, 도심의 차도를
열심히 걷고, 뛰고, 때론 달려서 왔는데
한참을 오다 보니 하나둘 떠나고 사라져
아슴푸레 그리움만으로 남은 얼굴들

이젠 나의 굴렁쇠도 조용히 닳고 낡아
바퀴는 사라지고 손잡이만 남아 있어
망연茫然히 하늘을 올려다보는데
해님이 손 내밀어 빙그레 웃음 지으며
당신을 바퀴 삼아 거기 손잡이를 걸고
남은 길은 천천히 밝고 따스하게
해님처럼 둥글둥글 그리 나아가라 한다.

나무의 시간

땅속 깊숙이 내린 뿌리의 자리
그대의 시간이 비롯되는 삶의 영토에서
햇빛과 빗물, 바람의 손길로
싱그럽고 오묘한 사계의 꿈 펼치면서
사람은 단 한 번 겪는 일생을
후렴구처럼 해마다 펼치시네

그대의 비밀은 비범한 인내심
천둥번개와 눈보라 거치면서
거칠지만 더욱 단단해진 피부
사나운 바람에 찢긴 가지의 흔적일랑
인장처럼 옹이로 새겨 간직하고
둥글게 둥글게 나이테를 감으시네

어깨동무로 울창한 숲을 이뤄
햇살 같은 사랑으로 뭇 생명 품어 안고
신비롭고 즐거운 일들 벌어지라고
한결같은 미소로 그대의 시간 바치시네

낮달맞이꽃

오로지 달님 향한 일심으로
해질녘 꽃단장 곱게 하고
노란 연모의 정 피워 올리더니
어느 날 밤 무슨 일 있었기에
섬돌에 꽃신 그냥 벗어두고
쫓기듯 대낮으로 내려왔나

지금은 황폐한 들녘 언덕에서
고적한 낮달맞이로 변신해
이글대는 태양의 구애 손사래치며
빛 잃어 해쓱한 옛 임만을 향하여
연민의 노란 미소 짓고 있는가

그 사연 궁금해 귀 기울였지만
아르테미스*에게나 물어보라며
깊은 침묵 속 낮달맞이 노란 얼굴
무언의 사랑만을 피워 올리네.

* 그리스 신화에 나오는 달의 여신

노을꽃

붉은 홍시 하나
서산 너머로 툭 떨어지면서
붉은 마음 쏟아 구름 적셔 피운 꽃
무슨 사연 담았기에 이리도 간절한가
벌겋게 타다 지쳐 스르르 지는 꽃들
소용돌이치는 석양 아래
어디선가 들려오는 뭉크의 '절규'
검은 산의 메아리로 멀리 사라진다.

하지만 씨를 품은 둥근 열매
어둠 속 밤새껏 싹을 틔워
동쪽 하늘에서 다시 웃음 짓는 여명의 노을꽃
환호의 나팔 불며 맞이하는 대자연에
환한 빛으로 널리 널리 퍼져나간다.

눈을 떠야 봄이지

천지를 흔드는 생기의 용트림에
흙을 밀고 나온 앙증맞은 떡잎
배시시 웃으며 기지개 켠다
물가 버들개지도 실눈 뜨니 봄이라
살아있는 것들마다 다투어 눈을 뜬다

바람이 내 어깨를 툭 치고 지나간다
너도 어서 눈을 뜨라고
메마른 몸 구석구석에 봄물 퍼올려
오감五感의 새싹 뾰족뾰족 틔워서
심상心想의 꽃눈 환히 떠보리

아아, 속 눈 떠야 속 깊이 찾아오는
내 인생의 봄, 봄….

맘을 먹다

살자면 누구나 맘을 먹는다
밥은 세 끼만 먹지만
모양도 색깔도 없는 맘은
수시로 먹어야만 심신의 길이 열린다
그 맛이 짜고 달고 매운지 향긋한지
뉘게도 말하는 이 없기에
먹는 이의 맛은 알 길이 없다

어떠한 맘을 먹어야 가는 길 행복할까
잘 골라서 복스럽게 먹을 일이다
딱딱하고 차가운 것 잘못 먹으면
자칫 체할 수도 있으니
꼭꼭 씹어서 안단테로 먹고
이웃에게는 좀더
크고 부드럽고 따스한 맘을
공손히 드릴 일이다

물로는 해결 못 하는 영의 목마름도
맘으로 해갈解渴할 수 있으니

거룩한 양식 끊임없이 취하여
인생의 집 윤택하게 가꿀 일이다
'마음 잘 먹으면 북두칠성도 굽어보신다.'
하지 않더냐.

봄을 잉태한 겨울

칼바람이 할퀴고 눈보라가 때려도
변함없이 해님 열애하시더니
용케도 봄을 회임懷妊한 그대
으슬으슬 매스꺼운 입덧 참아내며
검은 씨앗 속에서, 앙상한 가지 끝에서
꿈틀꿈틀 태동하는 새 생명을
눈이불로 포근히 감싸 안고서
차가운 대지에 길게 드리운 그림자
미련 없이 사리고 지우며
푸르디푸른 꿈 새색시처럼 가꾸는
갸륵한 겨울이시여
정녕 그대 고독의 비밀은
사랑으로 이룬 인내일지라.

속울음

울 것도 없는데
속으로 울 때가 있다
만추의 강기슭 갈대 서걱거리듯
버석대는 내 안의 갈증을 흐느낀다.

벌건 꽃무릇 불타오르듯
그리 뜨겁게 뻗어난 기운으로
내 속울음 끓여서 피어오른 수증기가
커다란 구름 뭉치 되어
은총의 빗물로 쏟아진다면
내 영혼의 무지개 곱게 피어올라
메마른 가슴 흥건히 적시리.

아린芽鱗의 아린 헌신

매서운 겨울 속 여린 꽃눈, 잎눈
몸소 비늘 되어 겹겹이 감싸고
목화이불처럼 포근히 품어주려
앙칼진 칼바람에 아린 통증 감내하며
사랑으로 이겨내는 착한 아린芽鱗이여

장엄한 고독 속 상처투성이로
그대는 정작
뭇 생명의 잔치마당 봄이 오는 길목에서
꽃과 잎의 영광만을 위하여, 그리고
열매의 보람까지를 염원하며
스스로 벗겨지고 갈가리 찢기는데

이 또한 당연한 소임所任이라 여기는 그대
모진 산고를 겪고도
다시 생명을 분만하는 어미처럼 갸륵하다

유월이 오면

연둣빛 꽃봄
미끄러지듯 가버린 자리에
청청한 유월이
짙푸른 치맛자락 펄럭이며 다가오면
생명의 환희 넘실넘실, 나는
'Oh, life is delight, when June is come.'*
향긋 달달한 시구를 읊조리며
젊은 하늘 가득 꽃구름 피워 올렸는데

언제부턴가

유월이 오면, 아 유월이 오면
절정의 초록은 쉬 작별을 고할 듯
허리춤까지 밀려든 한 해가 서럽고
하 노여워
노을빛 치맛자락 하피霞帔처럼 펼쳐놓고
그리운 이들께 쓰고 또 써나가네
쓰다가 만 내 사랑의 편지를

*영 시인 R.S 브리지스(1844~1930)의 시 'When June is come'의 끝 구절

조약돌의 노래

세찬 물살 따라 굴러굴러 뒹굴면서
흐름을 통과하는 아픈 세월
여기저기 다치고 멍들면서
보다 윤이 나고 매끄러운 몸매로
해 설핏한 바닷가에 당도했다네.

시련을 겪는다는 건
빗속에서도 춤을 추며
오직 사랑을 위하여
망가지고 뭉개진 어머니의 손금처럼
닳고 닳아 그토록 매끈해지는 것이라네.

진주조개의 눈물

조그만 모래알 하나
어느 순간, 어쩌다가
고요한 집 안으로 굴러들어
연체軟體동물의 생살 찢는
악연의 가시가 될 줄이야

쓰라린 비탄의 피눈물 감내하며
생명의 즙을 뽑아 품고 다독여
캄캄한 어둠 속에서 빚어낸 너, 진주
이는 진정 눈물이 쌓여 사리舍利로 맺힌
깊디깊은 사랑의 결정체結晶体라

삶의 어느 날
태양이 빛을 잃어 암흑에 갇혔을지라도
그대여, 사랑하는 그대여
시련의 모래알 생명의 액으로 감싸고 굴려
영롱한 보석으로 키워낸
저 진주조개의 눈물을 체휼體恤하자구요

축제의 불꽃쇼

캄캄할수록 찬란한 밤
오색 불꽃이 묘기를 부린다
가슴을 열고 펑펑 어둠을 휘저으며
광란의 춤을 춘다
높이 치솟다가 순간으로 사라지면서
올려다보는 눈동자들 휘어잡고
형형색색의 만물상萬物相을 그린다
신비롭고 요란하던 불꽃쇼는
허망한 신기루처럼 사라졌다
한바탕 인공의 축제가 끝난 허공엔
영원의 별들만이
초롱초롱 고요하다

털갈이 이클립스*

새들은 털을 간다
그땐 날아오르는 능력조차 잃어버리고
신중하게 자신의 나약함을 인식하며
고요를 흐트러뜨릴 수 있는 몸짓을 멈춘다
소중한 깃털이 다시 돋아나
아름다움을 되찾을 때까지

달이 태양을 가리는 어둠의 시간
우리는 무엇을 할까
자연의 질서에 온전히 기대어
자신에게 잠겨보는 것도
새들이 털갈이하듯
낡은 깃털 소멸토록 놔둘 줄 아는
아주 멋진 행위일지니
네게도 내게도 그런 시간이 필요하다

*Eclipse(식蝕. 빛의 가림, 명성 따위의 실추.
아무것도 하지 않는 빈 시간)

파도를 넘자

파도 없는 바다 있다더냐

홀연 흰 거품을 물고 달려들어
때리고 부수고 무너뜨리는 노도怒濤
미친 듯 날뛰는 이 거센 물결을
어찌 넘어야 할 텐가

얕보면 황소처럼 덤벼들고
맞서면 사자처럼 으르렁대며 덮치니
유순한 손길로 살살 달래며 기다리노라면
탄식하듯 암석을 때리고 부딪다가
제풀에 풀죽어 스러지기도 하거니

미세한 바이러스가 쓰나미로 덮쳤을 때
말하던 입 굳게 막고, 때 묻은 손 씻고 씻으며
3년여 동안 온 나라가 치룬 곤욕困辱을
결단코 쉽게 잊어선 안 되리

예고 없이 때때로 달려드는 파도

그저 겸손히 지혜롭게 두려움 없이
타고 넘고, 안고 넘고, 끌고 넘어 보자

해돋이 찬미

하늘과 대지의 입맞춤으로
소중한 소망所望이를 잉태하고
불끈 솟아오른
만삭의 임산부시여
옥동자 쑤욱 태어나거든
비옥한 땅엔 사랑의 씨앗 뿌리고
깊고 너른 하늘은 믿음으로 노 저어
어기어차 힘찬 축복의 길
사랑 사랑으로 둥글둥글 둥글게
알렐루야alleluia 알렐루야
아~알~렐~루~야

2부

피고 지고, 오고 가고

까마중

도심의 갓길 풀숲에서
내 발목을 잡는 까만 눈동자들
너, 까마중 아니더냐

오뉴월 뙤약볕에도 엄마는
날만 새면 호미 들고 달려가
콩씨네 가족들 애지중지 돌보면서
행여 그들 괴롭히는 잡것이라면
매몰차게 뽑았지만
유독 까마중 몇 그루는 사랑받는 이방인
쥐눈이 콩알만 한 것들 한 움큼 쥐고 오셔
사탕이나 사 오신 양 빙긋이 내밀 때면
시큰둥하면서도 새콤달콤 그 맛에
입이 까맣도록 우물거렸지

황혼녘에 들자 하니
하찮다 여긴 새까만 고것들이
항암효력 듬뿍 지닌 귀중한 약초라니
어릴 적 주전부리 까마중 덕분에
내 오늘을 이만큼이나마 버텨내는가

꽃 사랑

그대는
신이 내린 지미至美한 선물
빛깔도 향기도, 크기와 생김도
저마다 비밀스런 자력이 있어
장미는 망초를 깔보지 않고
봄까치꽃은 함박꽃에 주눅 들지 않지
나도 전혀 차별 없는 애정으로
송이송이 눈 맞추고 속삭이며
무언의 언어를 기쁨으로 읽어낸다

요람에서 무덤까지, 희비를 찾아가
축복하고 위로하는 착한 심성
에덴에서 추방된 아담과 이브도
정녕, 슬프도록 아름다운 그대 있음에
지상의 고뇌를 잘도 이겨냈으리

아프로디테*도 시샘할 꽃님들이여
그댄들 웃으며 꽃길만 걸었을까
한 톨 씨앗에 영원을 담아 남기고자

묵묵히 피고 지는 지순至純한 사랑
비록 낙원이라 할지라도, 난
그대 없는 곳이라면 사양辭讓을 하리

*그리스 신화에 나오는 미와 사랑의 여신

나, 점 하나의 우주
– 제임스 웹JWST 망원경이 관측한 영상을 보고

"어딘가, 대단한 것들이 알려지길 기다리고 있다"*
깊고도 먼, 장엄하고도 신비한 우주
살아 숨쉬는 판타지에 가슴이 뛰어요

인류의 눈 JWST는 빛의 영역 중 적외선을 포착해
130억 년 전 태초의 빛을 찍어
빅뱅 이후의 우주 비밀 풀 실마리를 제공했으며
별이 탄생하는 성운星雲부터 외계행성까지
인류가 전에 본 적 없는 첫 이미지를 공개하다
성운 가운데서 탄생하는 별, 죽어가는 별
별들의 요람인 '용골자리 성운'은
태양보다 큰 별들을 낳고
젊은 별들은 가스와 먼지를 뿜어
굴곡진 산맥을 연출한다
지구에서 2500광년 거리의 '남쪽고리 성운'에선
별이 소멸하면서 내뿜는 가스와 먼지를 통해
주황과 푸른색으로 빛나는 마지막을 남긴다
다섯 개 은하의 집합체인 '스테판 5중주'는

각 은하가 중력 작용으로 서로를 춤추듯 끌어당긴다
외계 행성의 대기에서도 수증기를 감지했다니
어쩜 태양계 밖 어느 천체에 생명이 살고 있을지도….

천억 개의 별, 천억 개의 은하
무수한 별들의 운행을 품은 은하의 가슴처럼
하나는 모두를 위해, 모두는 하나를 위해
돌고 도는 깊고도 먼, 장엄하고도 신비한 우주
난 대체 어느 별에서 흘러나온 티끌일까요
나, 또한 점 하나의 작디작은 우주
만물을 신묘하게 창조하신 전능자의 섭리에
한낱 티끌마저 머리 깊이 숙입니다.

*미국의 천문학자 칼 세이건의 명언으로, 나사의 빌 넬슨 국장은 제임스 웹이 찍은 은하단 등의 이미지를 공개하며 이 말을 인용했다

또 다른 힘

청靑춘春의 힘겨루기다
정精신神을 한데 모은
칼날 같은 눈빛, 헤라클레스의 팔뚝
청·홍 샅바를 목 죄듯 움켜잡고
실수하고 도전하고 다시 일어서는
모래판 위의 한판 결투
태산을 뽑고, 지구를 들어올릴 기세다
제만除萬의 지략과 특기로
순간에 한 우주를 넘어뜨린다
희비의 꽃구름, 먹구름 속
우레처럼 쏟아지는 박수와 함성
파도처럼 일다 스러진다.

기운 세다고 소가 왕 노릇 할까

땅 속 뿌리의 의지로
시멘트를 불끈 뚫고 나온 풀의 힘
안으로부터 솟아나는 힘은
내부의 샘을 파야 솟구친다.

불의의 근육질이 산맥처럼 뻗은 세상을
사랑으로 녹여 제패制覇하시는
그분 말씀의 기이한 힘
뉘라서 그 무엇으로 당해내랴.

떼어내며 가는 길

알록달록 가을 물들어
한 잎 두 잎 미련 없이 떼어내야만
봄 다시 꽃피고 열매 맺는 나무

탯줄 뗀 이렛날 후면 배꼽 떨어지고
때를 따라 젖 떼고, 기저귀 떼고
아장걸음 첫발 떼며 천 번을 넘어져야
직립直立의 사람 구실 할 수 있거늘

네 얼굴에서 눈을 떼지 못하던 집착도
세월의 강물 따라 시나브로 떼어내고
삶의 전塵 벌이던 잡다한 간판들이며
탐심 원망 교만 시기 따위 사정없이 떼어내고
떼고 또 모조리 떼어내며
벌거숭이로 가야 하는 인생길

하지만
풍랑 거센 바닷길 헤치고 나아갈
말씀의 나침반
그 지침指針만은 꼭 붙잡고 가야 하리

만추晩秋

화려한 옷 훌훌 벗어 던지고
갈색 표정, 그윽한 눈빛으로
말없이 가르치는 그대, 만추로 인해
비록 무위자연無爲自然을 깨친다 해도
이별은 그지없이 쓸쓸합니다.

차가운 퇴락의 공간에서도
여름보다 뜨거운 열정으로
새는 둥지를, 벌레는 고치를 갈무리하며
땅속 어둠 견뎌낼 씨앗과 알뿌리들
햇빛이 둘러주는 망토 단단히 여미고
겨울 강 건너 봄 바다 향한 채비로 바쁩니다.

만추는 누구나 누군가를 그립게 하지요
고향 선영을 찾아 가신 임들 참배하고
무덤가 하얀 구절초에게 눈인사라도 건네야겠어요.

그동안 나, 얼마나 사랑하며 살았는지
지금은 오롯이
비우고 털고 돌아보는 시간입니다.

망각이 틔우는 싹

새끼 품은 청설모
겨울 강 건널 채비로
영글어 툭툭 떨어진 상수리 도토리
여기저기 낙엽 헤쳐 묻어 놓고
눈망울 반짝반짝 생각을 굴려 봐도
도무지 숨긴 곳 얼마큼은 찾을 수 없는
그 망각忘却의 자리마다, 고맙게도
열매는 새싹을 틔우고 있었네

오늘의 망각을 부추겨서
내일을 계획함이
대자연의 오묘한 섭리일까

살면서 어쩌다가 옹이처럼 맺힌
억울함과 원망 미움 따위도
흐름의 처방으로 까맣게 잊어야만
사랑의 새싹 움터 나오고,
떠난 그대들 못 잊는 아픔도
레테강 건넌 듯 잊는 날 오기에

새론 인연 만나며 살아가고,
무서운 산통 말끔히 잊은 어미
또 사랑의 열매 품어 후손 거느리네

한 줄기 흐름 속에 나도 또 하나
망각하는 능력으로 행복을 찾아
남은 날의 고운 싹 틔워보려네

바람의 말

바람이 제법 근엄하게 말을 건넨다

나는 북녘의 검은 산맥 넘나들다가
이 봄, 물먹어 부푼 온풍으로 찾아와
새 생명 깨우고 쓰다듬고 간질이지만
때론 심술궂은 꽃샘으로 돌변해 꽃잎 할퀴고,
미풍으로 여기저기 돌아다니다가
못된 불씨 만나면
청산도 태워버리는 횡포를 부린다오

나는 두 얼굴의 자유로운 날개라오

뙤약볕 여름날, 뭉게구름 흩어
초목들 목 축이고 목욕시켜 키우지만
때론 풍랑으로 날뛰며 바다를 뒤틀고
풀잎 머리채 잡고 심통도 부리지만
그래도 내 손 잡고 춤추는 그 모습 가상해
함께 끌어안고 울기도 한다오

땅속 깊숙이 뿌리박으면야
어느 나문들 쓰러뜨릴 수 있겠소
내가 불어야 배는 대해로 나아가고
꽃향기 날려 벌 나비 모여들거니
사정없이 흔들려도 참고 견뎌내오
바람 불지 않는 삶 어디 있으리오.

배롱나무꽃

배롱나무에 걸린 자홍빛 꽃구름
폭염 속 초록 세상에
꽃불 밝혀 백일을 활활 타오르니
'열흘 붉은 꽃 없다'는 그 말이 무색하다

오래전 고창 선운사에서 처음 만난 너
팔년 전 여름, 관악의 샤로수길 넘어
여기 '싱글벙글센터' 붉은 옹벽 옆 뜰에서
다시 만난 기쁨은
첫사랑 연인처럼 가슴 그득했었다

목마른 맘 시로나 적셔볼까
월요마다 이곳 찾을 때면 맨 먼저 반기는 너
서기瑞氣 어린 그 얼굴도, 온몸 뜨겁던 열정도
삭풍엔 이름 잃고 죽은 듯 버텨내니
수백 년 전 떠나온 따순 고향
그 얼마나 사무쳤으랴

꽃 피고 지길 세 번 할 무렵엔

햅쌀이 난다 하여 쌀밥나무로도 불리는 너
늙은 껍질 미련 없이 벗어 던지며
해가 묵어도 젊은 몸통 유지하는 그 위용^{偉容}
부러움으로 우러른다.

메꽃

연분홍 저고리에 초록 치마
모습은 예나 다름없는데
해맑던 미소는 왜 그리 초라한가
어느 누가 불러, 누굴 만나러
이 우악스런 도심까지 찾아들어
갓길의 풀줄기에 외로 틀어 오르며
소음 속에 그리도 두리번거리는가.

지난 시절, 가난한 들판에서
시퍼렇게 무성한 한해살이 잡풀들 속
분홍분홍 방긋대던 예쁘장한 넌
뿌리 깊은 여러해살이 덩굴풀꽃
수줍은 듯 순정한 너로 인하여
메마른 마음 더러는 흥건했었지

햇볕 따가운 칠월의 샤로수길에서
옛 동무 순이 본 듯 애련哀憐히 만난 너
고적한 밤이면 별님께라도 애걸하여
옛이야기 하염없이 나누려무나.

순筍

싹튼 고구마 한 알
유리 물병에 반쯤 걸쳐 꽂았더니
하, 이 삶의 꿈틀거림 좀 보라
물속엔 실뿌리 사명으로 뻗어 내리고
몸통 오목한 눈에서 우부룩이 돋아나온 순
위로 솟구치다 멈칫멈칫 방향 틀며
치렁치렁한 넝쿨 줄곧 굽어 내림은
흙냄새 그립다는 하소연인가
시시로 눈 맞추며 거북이걸음 염원해도
내 마음 아랑곳없이 쑥쑥 달려가는 순리順理
언젠가는
누렇게 시들어갈 목숨
오늘은
새파랗게 꿈틀대는 순, 순, 순

울부짖는가, 폭포여

한 번도 기어오르려 한 적 없어
하늘도 굽어보며 미소지었어
허연 머리 풀고 비말飛沫을 내던지며
아래로 아래로만 내리쏟는 몸짓
줄기차게 부서지고 깨어지고 떨어지며
포효咆哮하는 사자처럼 내지르던 위용偉容
뿜고 솟구쳐 창공을 울리는 희열의 음향
가는 길 따라 높낮이 조절하며
맑은 강물 줄기줄기 안고 도는 쾌감으로
드넓은 세상, 그 바다를 향한 길은
그지없는 기쁨의 꿈길이었는데

언제부턴가 하늘 흐릿해지고 땅도 병들어
산천이 열꽃으로 펄펄 끓기 시작할 즈음
빙하 녹는 소리, 질식하는 숲의 신음소리
슬픔의 절벽, 번민의 골짜기 넘어야 하는 폭포는
오물에 싸인 강물, 캄캄해지는 바다로 향하면서
고향을 잃은 듯 허허롭고 비통하여
한 번쯤은 하늘로 오르고픈 열망

꺼억 꺼억 오열 삼키며 남몰래 울부짖었어

하늘과 맞닿아 쏟아져 내리는 물줄기
뽀얀 물안개 위 펼쳐지는 무지개꿈
폭포선瀑布線만은 기어코 지키려는 안간힘으로
적장을 끌어안고 남강으로 투신한 논개처럼
거룩한 분노의 함성 내지르며
온갖 오물 쓸어안고 흘러 흘러가면서
생생한 자연 돌려다오, 울부짖는 폭포여….

유혹誘惑

쾌감은 미끼일까
어느 칼날에 베일지 몰라도
일단 빠지고 보네

'하바네라'*로 돈 호세를 유혹한 카르멘
'사랑은 자유로운 새/ 그 누구도 길들일 수 없어요
거절하기로 마음먹으면 불러봤자 아무 소용없어요.'
본능을 일깨우는 관능적 리듬으로
순진한 청년을 넥타이 풀게 한 팜므파탈
수렁에 빠지듯 빨려든 그 남자 뿌리치고
다른 곳으로 날아가는 그녀
아무도 막을 길 없는 자유론 영혼의 소유자
끝내 칼을 맞아 파멸하고 마네

카르멘이 돈 호세 호리듯
하바네라 리듬으로 끌어당기면
금욕이든, 대마초든, 권력이든 속수무책

무언가에 빠져야 할 삶이라면
아무쪼록 파멸의 함정만은 피해야 하리

*하바네라(habanera) : 19세기 에스파냐에서 유행한 춤곡. 조르주 비제의 1875년 오페라 카르멘에 나오는 아리아.

천도복숭아

새빨개진 볼, 매끈한 피부
새침한 표정에 향긋한 향기
전설처럼 새콤한 맛까지
번번이 날 매혹하던 너

만날 때마다
초가 마을 계집애와 머슴애의 풋사랑 이야길
지치지도 않고 속살대던 너, 천도복숭아
그래, 밤낮없이 다 보았으니 알았겠지
울타리 없는 춘식이네 뒤란에서
쫓겨 온 왕족처럼 애달피 꽃피워 열매 달면
맛 들기도 전 아이들 입속으로 다 들어가고
우듬지에 남은 여남은 개 겨우 붉어갈 즈음
원숭이처럼 나무 타는 변성기의 춘식이
애써 딴 천도복숭 바지춤에 감추어
밤마다 이웃집 점순에게 건네며 싹튼 연정
동성동본 집성촌에 속일 눈 있었겠나
"아담아 너 어디 있느냐"
어미에게 머리채 잡힌 점순이

아비에게 몽둥이찜질 당한 춘식이
그들의 풋사랑은 익기도 전에 깨어졌지

유난히 천도복숭아 좋아했다는 구상 시인
가난한 환쟁이 이중섭은
뒤늦게 병상의 구 시인을 찾아가서
정성 담은 그림 '천도복숭아'를 슬며시 내밀자
이제야 왔느냐고 원망하려던 환우는
이슬 맺힌 눈으로 그를 바라만 보았다고,
중섭의 '천도복숭아'는
구상이 세상 떠날 때까지 병상을 지켰다지.

키메라의 불꽃

튀르키예의 안탈리아주 지중해 연안
키메라Chimaera산 군데군데 바위틈에서
신묘하기 그지없는 주홍 불꽃은
어느 가슴이 타는 열정이기에
눈보라 비바람 속에서도 춤을 추면서
삼천여 년 동안 낮밤을 꺼질 줄 모르고
늙지 않는 전설처럼 타오르는가.

별들 침묵의 언어인 불빛
깜깜한 바다를 이 불꽃으로 등대 삼아
멀리 찾아온 나그네는
초현실적인 생의 불꽃 주변에 모여앉아
마시멜로를 구워 먹으며
불 뿜는 괴수 키메라와 영웅 벨레로폰의 신화를
달빛처럼 두르고 혼불로 속살대는가.

오스만제국이 사라지고 생성된 나라 터키 공화국,
아, 지금 튀르키예는 가지안테프 지역 강진으로
아비규환阿鼻叫喚 속 불구덩이에서 흐느낀다.

키메라의 꺼지지 않는 신비의 불꽃이여
용기와 희망으로 활활 타올라라
신화 속 영웅처럼 재앙을 물리치고
흔들려 폐허廢墟 된 곳곳을 온기로 일으켜다오.

피고 지고, 오고 가고

장밋빛 동녘 하늘에
해님 찬연히 떠오르면
그 한나절 동안
꽃잎들 다투어 피어나고
밀물처럼 달려오던 환한 얼굴들

서녘 하늘 노을이 등불 켜자
초록이 빛날 땐 아슴푸레하던 것들
망막을 헤집고 또렷이 들어오네
지는 꽃들의 처절한 몸짓하며
썰물처럼 사라지는 삭연索然한 모습들

계절 오고 가고, 꽃 피고 지고
자연은 후렴구처럼 되풀이 되는데
하늘 여행 떠나신 우리 님들
아득한 미리내 별님이 되셨는지
다시 온다는 기별이 없구나

흔들리며 가는 배

흔들리지 않고 피는 꽃이 없듯
흔들리지 않고 가는 배가 있더냐
망망대해 풍랑 헤치고 나아가는 배
다 흔들리면서 목적지를 향해 가거니
흔들리지 않고 가는 삶이 어디 있더냐

젖지 않고 피는 꽃이 없듯
젖지 않고 가는 배가 있더냐
바다 위 그 어떤 배들도
거센 비바람에 젖고 또 젖으며
거친 파도와 싸우며 나아가거늘
고해에 젖지 않고 가는 인생 어디 있더냐

부두에 꽁꽁 묶인 배 아니라면
끊임없이 흔들리고 흔들리며 나아가느니

색색으로 말하는 색

색깔은 마음도 색칠하는지
눈빛, 목소리 빛깔에서
그 사람 내면의 소리를 읽는다

빨·주·노·초·파·남·보
무지개 꿈 하늘에 걸어놓고
색동옷 차림으로 깡충거리며
개나리 병아리의 노랑 말을 배우고,
연두로 싹터 초록으로 청청하던 초목들
농염한 빛깔로 물들어 떨어지기 전
그들의 마지막 말에 귀 기울인다

같은 물을 마시고도
기적처럼 다른 빛깔로 피어나는 꽃들
제각기 다른 색과 향기로 속삭일 때
뭉클뭉클 피어난 핏빛 칸나는
생명의 샘, 엄마의 자궁 속이
무슨 빛깔이더냐고 묻는 것 같다

상복은 왜 검정 아니면 하양일까
밤과 죽음은 어찌 색을 피하고 거부하며
낮과 생명은 모든 색을 품어 발산하는가
한 점 초록별처럼
색깔도 화합과 통합을 갈망는가

땅빛, 하늘빛, 햇빛…
그대는 무슨 색깔이고 싶은가
색색의 색은 오늘도
색색으로 말을 하고 있다

3부

고향 집 풀꽃

12월의 민들레

－아니, 이 추위에 동생 왔어
환청으로 들려오는 언니 목소리
단양 영춘리 별방 산골
찬바람 한 줄기 마른 잎에 뒤척이고
인색한 겨울 햇빛이 잠시 머문
조락의 뜨락 누런 검불 속에서
민들레는 저리도 납작 엎드려
언니의 가슴처럼 따스한 꽃등 밝히고
샛노랗게, 샛노랗게 미소 짓는가

무던히도 들꽃 사랑하는 제 어밀 위해
마음먹고 마련해준 조카의 산골 집
시샘이라도 하듯 언니에게 덤빈 병마에
신음하면서도 들꽃처럼 우릴 반겨 맞으며
봉숭아 꽃반죽 손톱에 올려 칭칭 감아주시더니
그 여름 가고, 이듬해 봄
들꽃 향기 타고 하늘로 가신 언니
풀꽃 수없이 피고 진자리에
어쩌자고 12월의 민들레는 노랗게 머물러

차가운 햇살 핥으며 흙을 움켜쥐고
불멸인 듯 웃고 있는가
눈물 글썽 해맑은 얼굴로
무너지는 내 마음 언니의 숨결에 잇대는가.

갈까마귀 떼만 우짖고

언제라도 가보고 싶은 고향 집
익산 '고스락' 장독 정원 나들이 길에
수수 문우들의 사랑으로 깜짝 방문하다

세월의 물살에 모두가 떠난 옛집
먼 길 오가며 관리 힘든 6대손이
코로나 와중渦中 최 씨 소유로 슬며시 넘기니
울울창창하던 대숲 가뭇없이 사라지고
텃밭 앞 망월담望月潭도 흔적없이 메워져
삭막하기 그지없는 옛터인데
요행히 청와집 외모만은 그대로 버티고서
방방 트인 내부엔 티 테이블이 자리하다
고개 젖혀 올려다본 종마루 대들보엔
부친의 정성 담아 먹물로 새긴 상량연도
새 주인 호의로 '한옥카페 1955' 명찰 달고
인터넷 동영상에서 빙긋이 반기더니
그마저 생소한 이름 'Hip Ok'으로 바뀌었구나

바지랑대 고인 빨랫줄에서 재잘대던 제비들

그 따스한 봄날은 멀리 사라지고
얼기설기 전선에 음보音譜처럼 매달린 갈까마귀 떼들
그들의 불협한 우짖음이 애연하다
생수 콸콸 솟던 우물터 옆 외진자리엔
이끼 낀 돌확이며 돌절구, 푸른 댓잎무늬 요강이
할머니의 꽃상여 나가던 그날처럼 흐느낀다
원댕이골 야생화 피고 지던 푸서릿길도
4차선 도로로 변신해, 도무지 낭만적일 수 없는 옛동산
마당가 감나무만 늙은 손 내밀어 위로한다

청기와 막내딸 집 찾아준 글벗들 고맙다고
무수한 갈까마귀들 지리도 우짖는기
푸른 지붕 너머로 새털구름만 흐른다

겨울 사랑

창호지 들창에 어린 따스한 불빛
항시 날 기다리는 그곳을 향해
겨울방학 하던 날 자취 짐 꾸려들고
가로등도 없는 들녘 길 이십여 리
걷는 듯 뛰는 듯 숨 가쁘게 찾아들면
월이의 멍멍 짖어대는 기척에
우르르 쏟아져 나와 얼싸안는 식구들
저녁상 차려놓고 기다리시던 어머니

자그만 방에서 복닥거리며 재잘재잘
살붙이 정이 쌓여 깊어가는 겨울밤
밤새 쏟아진 축복 같은 떡가루로
아침 세상은 온통 하얀 신비의 나라
한낮의 고요 속 추녀 끝 고드름 부서지는 소리
먹이 찾는 새들의 짹짹 까악 깍
빨간 가방 우체부의 "편지요" 그 설레는 외침

장작불 지핀 방에 자녀 손 불러 모아
벼루의 찰랑한 먹물 붓으로 찍어

'정신일도 하사불성精神一到 何事不成' 등 문구
한지에 적어놓고 열변하시던 아버지

할머니의 아랫목처럼 훈훈한 온기로
고향 집 겨울은 언제나 봄날
그 줄기찬 사랑의 힘으로
내 삶의 겨울도 그리 춥진 않으리.

고구마꽃이 피었다고

이 겨울 창가에
고구마꽃이 피었다고
휴대폰 들썩이도록 환성 지르며
보랏빛 세 송이 꽃을 올린 막내딸

"분명 상서祥瑞로운 징조로다"
엄지 번쩍 치켜세운 이모티콘으로
환희의 답글 곧장 띄운 엄마

지난 추석 보퉁이 속에
움튼 호박고구마 두어 개도 넣었더니
설한雪寒에 이리도 희귀한 꽃 소식이라니
물병에 고이 담아 남창가에 모시고
하얀 실뿌리, 초록 잎줄기
내리고 뻗을 때마다 애정의 눈빛 쏟고
은총의 햇볕 내려와 어루만졌기에
밭에서도 좀처럼 볼 수 없던 고구마꽃
너희 창변에서 기쁨의 서사序詞를 펼쳤구나

그 사랑 그 정성으로
남편꽃 자녀꽃 벙긋벙긋 피워 올릴 때
시들어가는 어미 몸에서도
행복의 꽃 생글생글 피어날지니

그 봄날의 까투리

기름진 식탁 앞에서 고갤 내미는
아릿한 잔상残像

휘움한 보릿고개 넘던 그 봄날
보리밭에 숨어든 까투리 한 마리
알 품어, 까놓은 금쪽같은 꺼벙이들
목숨 걸고 지키는데

마을 외딴집 춘식이네 꼬맹이 오 형제
마른버짐 누런 얼굴로 헉헉거리며
삘기 뽑고, 찔레 순 꺾고, 다슬기 잡으러
너른 들녘 쏘다니다 보리밭 속 푸드덕 소리에
눈이 반짝, 돌멩이 하나씩 꼬나 들고
새끼 품은 까투릴 에워쌀 그 찰나刹那
이웃 마을 초상집 다녀오시던 울 아버지
"요놈들~" 벽력 같은 고함에 그만 줄행랑
춘식엄니 씩씩거리며 곧장 달려와
"여보시오 팔봉 양반 그라믄 안되지라
배곯는 내 쌔끼들 꿩 잡아 보신하면 어디 덧난다우"

어머니는 춘식 엄니 거친 손 감싸 잡고
"새끼 품은 건 짐승도 건들지 말라 않소
분 풀고, 어린 것들 타이르시오"
꼬꼬 둥지에서 갓 꺼낸 달걀 몇 개, 살구 한 바가지
춘식 엄니 등 도닥여 들려 보내며
"그저 가난이 죄로구나." 쯧쯧 혀를 차셨다

보리 벨 무렵 어미 까투리는
우부룩이 자란 새끼들 거느리고
어디론지 훨훨 날아갔다

그 불빛들

별안간 쏟아진 폭우로
등굣길 외나무다리 무너져
그 먹구름 속 번갯불처럼 나타나신 아버지
어린 날 둘러업고 물길 갈라 건너실 때
태산처럼 든든하던 당신의 등

어둑해진 늦가을 하굣길
일렁이는 오로라 빛 십팔 세의 사념을
마구 후려치며 덤벼드는 살바람 속에
들녘 외진 길 숨차게 마중 나오신 어머니
당신 손에 들린 다사론 호롱불

밤바다 풍랑처럼 덮친 질고로
젖먹이 끌어안고 오열嗚咽하던 나
꽃 봄에서 낙엽 흩날릴 때까지 항생제 투여,
마지막 시험용 겐타마이신으로 세균은 박살했지만
수수깡처럼 피폐疲弊해진 몸 처참히 흔들릴 때
'두려워 말라'고 천 번을 다독이신 임

이글거리는 햇살보다 더 밝은 그 빛은
캄캄한 길 밝히신 등댓불이었다.

꽃상여 추억

막내 손녀인 나를
언년아, 언년아 부르시던 할머닌
중풍으로 삼년 고생 끝에
눈발 날리던 그 겨울
일흔여덟 춘추로 먼 길을 떠나셨다

너른 마당엔 화톳불이 타오르고
팥죽을 쑤어 들고 오는 이웃 아낙들과
마을 앞 외진 상엿집에서 꺼내온
상여를 꾸미느라 부산한 남정네들이
먹고 마시며 질펀한 잔치를 벌였다

울긋불긋 꽃상여 타고 사립문을 나서는 할머니,
가족들의 슬픈 곡성을 누르고
상두꾼이 짤랑짤랑 요령을 흔들며
-북망산이 머다드니 문턱 밑이 북망일세
구슬프게 뇌까리는 만가(輓歌) 선창에
-어 헤이 에헤에 이제가면 언제 오나
상여를 멘 상여꾼들의 후창이 이어지고

-병풍에 그린 닭이 날개 치면 오실랑가
칠팔십을 사잤더니 그도 일장춘몽일세
-어 헤이 에헤에 이제가면 언제 오나
두 발 앞으로 한 발 뒤로 물러나는 리듬을 타고
재를 넘어가는 할머니의 꽃상여를
채색된 만장들이 이별을 펄럭이며 뒤따랐다

그토록 화려한 행차 뒤, 할머닌
어린 언년이가 그때 당신 나이를 넘도록
한 번도 찾아오지 않으셨다

다이아몬드 프린세스호의 시간
-아들, 딸과 일본 남부 크루즈를 마치고

열 밤 열하루의 동행이
꿈결인 양 환희로 출렁댄다

햇살 따가운 초가을
아들의 세심한 계획 아래
인천을 떠나 나리타로,
도쿄를 거쳐 오므리로,
그곳에서 이틀 후 요코하마 항구로 옮겨
거대한 프린세스호의 삼천여 무리와 한 가족이 되다

혈관에 바다의 염도를 지닌 남녀노소는
광대무변의 바다를 향한 갈망 에너지로
어느 먼 행성인 듯한 이 유람선에 모여들어
아픔과 근심 걱정, 욕심과 싸움 없이
웃음과 친절, 춤과 노래로 넘실거리며
뽕잎 먹는 누에처럼 풍성히 먹고 휴식하고
감미롭고 환상적인 쇼 쇼 쇼의 밤을 즐긴다
파티의 시간엔 금빛 장식 하얀 제복의 선장이

제왕의 미소로 축배를 치켜들고
환영의 이벤트도 베푼다

오십 대의 두 청춘은 마냥 아기가 된 어미 손 붙들고
무지갯빛 공간의 다채로운 프로그램을 찾아 누비다가
선뜻, 'Yes or No talk game'에 출연한 딸이
여러 나라 참가자들 중 당당히 1등을 하자
코리아를 외치는 방청객의 환호에 뭉클,
아들은 동영상을 뭍의 인연들에게 띄운다

밤바다의 적막을 저으며 나아가는 배
곤한 잠에서 눈을 뜬 새벽, 선실 커튼을 젖히니
희붐한 빛에 태고의 바다가 젊은 파도로 출렁~출렁
옥상에 올라 해돋이의 장엄莊嚴을 환성으로 맞는다

나의 노을빛 헹긴으로 들이온 바다 여행은
틈마다 시를 데리고 와 쉼 없는 해조음으로
철썩 처~얼썩
내 가슴을 노크하며 감사로, 기쁨으로
충만하라 속삭인다
캐나다의 큰딸은 마음으로 동행하고
하늘 여행 떠난 아버지는 아들과 막내딸 굽어보며
어미 챙기느라 애썼다고 미소 짓는다

고향 집 풀꽃

으스스한 초봄
고향마을 텅 빈 집
햇볕 바른 마당 귀퉁이에
자잘한 풀꽃들만 모람모람 모여앉아
하양 보라 노랑 얼굴 마주보며
무슨 얘길 저리도 속살대는가

세월 따라 뿔뿔이 떠난 식구들
도란도란 환담하던 밤이면
하늘가득 초롱초롱 굽어보던 별님들

지금은 빈 집에 방울방울 흩뿌려
냉이, 제비, 민들레, 봄까치꽃 되어
가슴 벅찬 옛이야길 재잘대는가

당신의 손

풀밭에 들어서면
아직도 내 동공에서 물결치는 당신의 손
뙤약볕 아래 풀포기와 씨름하느라
손톱 뭉개지고 손금 망가져버린
상처투성이 사랑의 갈퀴손

그 손이 빚은 장맛 또한 달다고
손 내미는 친지마다 넉넉히 퍼주면서
쌓은 정분으로 피어나던 웃음꽃
그 손덕으로 새끼들의 겨울은 매양 따스하고
우리 삶의 저녁은 그지없이 평안했지요

바스러진 가랑잎손 쉴 때를 아시고는
초연히 하늘 여행 떠나신 어머니
그곳에선 아버지의 시조가락에
다섯 줄 비파 튕기며
장단 맞추고 계시나요

망월담望月潭 스케치

그리 다정하고 수려하던 넌
발길 끊긴 정든 이들 기다리다가
어느 날 감쪽같이 사라져버린 신기루
땅으로 변신한 네 가슴팍 위에 서서
추억을 스케치하고 있구나

마을 앞 몇 마지기 논배미 적셔주던
물웅덩일 둠벙이라 부를 땐
둔덕에 찔레와 인동초 댕댕이 덩굴 어우러져
물풀에 붙은 우렁이 미꾸리 송사리 실실대더니
청기와로 바뀐 집 논마지기도 늘어나면서
덩달아 몸체 불린 물웅덩이 그 이름도
우아하고 멋들어진 망월담이라 개명했지

세월 흘러 농사의 소임 끝낸 망월담은
다감한 풍류의 연못으로 변신하여
빙 둘러선 금사철 은사철 향나무를
물속에 물구나무 세워 멋진 묘기 연출하고
노랑 창포꽃과 하양 분홍 수련이 방긋대며

흐르던 구름도 낮달도 풍덩 빠져 쉬어갈 때
이쪽저쪽 물가에서 낚싯대 드리우고
살진 붕어 미끈한 잉어 낚아 올리며
내지르던 환성에 번지던 행복 메아리
휘영청 둥근달도 별무리와 함께 잠기면
망월담은 밤낮을 다 품은 또 하나의 우주였지

못 보면 죽을 것 같은 사람도
세월 따라 가뭇없이 사라지는데
너라고 영원할 손가, 그리운 망월담아

메밀, 그 오묘한 여섯 빛깔

허기진 들녘에
백설기 가루 흩뿌린 듯
하얀 메밀꽃 흐드러질 때면
눈 오는 날 강아지처럼 좋아라고
꽃 속을 휘젓고 다니던 철부지

질색한 엄마가 손사래 치며
쓰러진 꽃대를 곧추세울 때
나는 처음으로 보았지
하얀 꽃 밑에 초록 잎, 붉은 줄기, 노란 뿌리
메밀 몸의 그 오묘한 빛깔을

파란 하늘이 시릿해질 즘이면
소복한 여인처럼 삭연索然해진 메밀꽃
눈물처럼 져버린 꽃자리엔
망울망울 열매가 까맣게 여물고 있었지

고향의 잔칫상에 번번이 오르던
군침 도는 메밀묵

그 말랑한 잿빛의 결정結晶은
하양·초록·빨강·노랑·검정이
함께 손잡고 애쓴 보람이었구나.

소풍 길

무수한 삶의 이야기처럼
하얀 망초꽃 조잘조잘 핀 길을
말없이 걷노라니
"삶은 온통 길이라"시던
오라버니 말씀 생각납니다.

어느 해 여름
담양의 메타세쿼이아 가로수 길
함께 걷던 오라버니와 언니들은
황혼의 이야길 강물처럼 이어내리며
"가는 길 곳곳엔 길동무 있고
예기치 않은 행운도 숨어 있더라
동생 홀로 남아도 외로워 말라."
그러고는 몇 년 후
앞서거니 뒤서거니 먼 길 떠나셨죠.

무성한 초원을 찾아
항시 길 떠날 준비가 된 유목민처럼

나 또한 당신들이 가신 그 길로
소풍 가듯 그렇게 나아갑니다.

엉겅퀴 생각

엉겅퀴, 그 보랏빛 얼굴을
어젯밤 꿈속에서 만나다니

유년의 들녘 햇볕 쏟아지는 풀숲에
키 껑충 의연한 자태로
숭얼숭얼 유순한 보랏빛 얼굴이
유독 초록 속에 돋보였지만
잔털 꽃대며 표독스러운 가시 잎 무서워
와락 다가서지 못하고 데면데면 지냈지
한데, 엉겅퀴 그 이름 노상 맴도는 건
할머니 무릎관절에 특효라고
엄마의 바구니 가득 담겨오던 뿌리
그의 희생을 떠올려서일까

언제부턴가
내게서 멀리 행방을 감춘 엉겅퀴
'사랑의 정절'이란 꽃말에 가슴 뭉클하고
어여쁜 보라아가씨가 가시 옷 입게 된
전설도 애연哀然하다

먼 나라 스코틀랜드의 국화가 된 사연도 가상하고,
루브르 박물관의 '엉겅퀴를 든 자화상'*도 이채롭다

저녁놀 내려앉는 황혼녘인데
뜻하지 않게 꿈속에 찾아온 엉겅퀴
내 시詩에라도 한 줄 올려 달라 함이더냐
옛 동무 만난 듯 반갑고도 울울鬱鬱하구나

*르네상스 시기 독일을 대표하는 화가이자 판화가인 알브레히트 뒤러의 작품.

초록에 안겨

양평 성덕리
부드러운 곡선으로 이어진 산과 산들
그 짙푸른 가슴팍에서
피톤치드를 흠뻑 마시고
산소 이불을 덮고 잠이 들었는가
어디선가 청승스런 '꼬끼오~'
고향을 읊어대는 첫닭 울음소리

여명의 기지개를 켜는 대자연
초록빛 아침 마중은 성대하다
창공을 날아가는 새들의 힘찬 날갯짓
못다 한 연가를 쏟는 매미의 합창소리
막내딸 내외는
모여든 들고양이들에게 먹이를 주며
설토화처럼 웃는다

초록이 분출하는 생명의 환희 속에
서로를 품고 기댄 지구별 가족들
끓는 태양의 열기 아니면

초록이 있을까
노을빛 꽃이 된 어미도
깊은 초록에 안겨 있다.

훨씬 커라, 커야 한다

별빛 초롱초롱 반짝이던 여름밤
생나무 타는 매캐한 모깃불 연기 날리는
너른 마당 멍석에 자녀 손들 불러들인 아버지
보름달만 한 지구본을 들고 목소리 높여
"보라, 우주가 내 손 안에 있구나
지구촌도 한 가족이니라
커야 한다, 훨씬 더 크거라"
알 듯 말 듯한 언동에 깔깔대던 꼬맹이들은
지구본을 빙빙 돌리며 세계를 어루만졌지요.

우릴 칭찬하거나 나무라실 때도
어조를 달리하여 자주 쓰시던 그 말씀
"훨씬 커라, 커야 한다."

이 막내딸 초등학교 입학하던 그 봄날
회색 중절모, 잿빛 세루두루마기 차림의 아버지는
언덕 밑 공동묘지 무섭다고 울상인 나에게
"훨씬 커야 한다"며 내 머리 쓰다듬을 때
까치발로 키를 높여 "요만큼"이냐고 묻자

그저 빙긋이 웃으셨지요.

가는 길 헉헉대며
속 좁아 더러더러 짜증날 때면
이젠 좀 알 것 같아요
옹졸하게 살기엔 너무 짧은 생이니
하늘만큼, 바다만큼 마음을 넓게 쓰라는
당신의 그 말씀 "훨씬 커라, 커야 한다"를

젖먹이 추억

우윳빛 고사리손으로
어미 젖가슴 꼬옥 움켜쥐고
쪽쪽 빨아대던 쩌릿한 사랑

얼마큼 포동포동 양이 찼을까
젖꼭지 날름 빼고 옹알이 오물오물
웃음 쌩긋 눈 맞추며
젖무덤 만지작거리는 새끼 엔젤

젖내 물씬한 기쁨의 샘에 빠져
포만감으로 불룩한 어미 마음
그득히 찰랑대는 새 생명의 숨결이여

4부

빛에 대하여 빚진 자

보랏빛 신비

앙증맞은 제비꽃 재롱을 지나
라일락 향기 속에 싹터 오른 연정
보라색 스카프 휘날리며
그에게로 달려가든 신묘神妙한 마음

태양의 열기에 물오른 보라 물결
유순한 도라지꽃, 고상한 오동꽃
치렁치렁 등꽃, 칡꽃, 맥문동
제 성정 따라서 펼치는 보랏빛 몸짓들

서리 찬 하늘 아래
그 들녘, 그 산언저리 그리운 이 산소에
해마다 찾아오는 고적한 듯 다감한 얼굴
이름도 사랑스런 구절초와 쑥부쟁이

성전의 휘장이 찢어지도록
아리고 캄캄했을 때
남몰래 찾아와 어루만지던
보랏빛 신비의 손길이시여

12월의 사랑차

매듭달 창가에서
창밖 나목의 침묵을 읽는다
훌훌 벗어던지고도 속은 더운지
찬 기운에도 의젓하다

12월엔 필히 '사랑차'를 마시라던 P 목사님
그분께서 일러주신 사랑차 레시피를 소개한다
-일년 동안 쌓인 실망, 슬픔, 좌절은
뿌리를 잘라내고 잘게 다진다
그동안의 교만과 자존심은
속을 빼낸 후 거름망에 거르고
미움은 껍질을 벗긴 뒤
반으로 토막 내어 용서에 담가둔다
약탕관에 불만과 분노를 한 컵씩 붓고
씨를 잘 빼낸 다음 푹 끓인다
거기에 인내를 첨가하여
쓴맛이 없어질 때까지 잘 끓인 후
기쁨과 감사로 젓고, 새해의 희망을 탄 뒤
미소 몇 개 예쁘게 띄워

사랑의 잔에 부어 따뜻할 때 마신다.

달랑 한 장 남은 캘린더 앞에서
따끈한 사랑차 한 잔 아다지오로 마시면서
만감어린 마음을 어루만진다
이 차 수시로 끓여 이웃에게 대접하면
시린 심신들 온기 돌고 영도 맑아지지 않을는지

가시의 독백獨白

뾰족하고 날 선 외모에
쏟아지는 질시의 눈총들
태생이 가시지만 단 한 번도
창이 되어 찌른 적 없이
오로지 방패로만 살았다오

가시나무, 밤송이, 고슴도치
장미꽃 줄기에 솟은 바늘 가시
병아리 품은 암탉의 뾰족한 부리
이들의 서슬 푸른 모성 본능은
행여나 제 살붙이 다칠세라
가시눈 부릅뜬 사랑의 장치라오

가시밭 삶의 길에
내게 있는 가시 네겐들 없으리오

오랫동안 찔러댄 바울의 가시,
그 은혜가 족하다며 겸손으로 감내한
그 가시가 도리어

은혜요 유익이었다니
그 상처가 영광이었다니

노을빛 연모戀慕

끓는 태양의 계절이면
능소화가 사랑의 나팔을 분다

초복날 밤 봉숭아 으깬 반죽을
손톱에 올려 세월로 칭칭 감고
아침에 눈 떠보니 노을빛 능소화가
열 손가락 끝에서 나팔을 불고 있다

슬프도록 아름답고 무섭도록 지독한 연정
소화의 전설은 애절한 아리아aria다
요즘 더 짙게 화장한 도심의 능소화,
소음과 매연 속 회색 벽을 타고 올라
임 계신 구중궁궐 애타게 굽어보는 그에게
팝송 한가락 'You raise me up'으로
뜨거운 응원을 실어준다

어지러운 세상에서
진리의 나팔수로 불꽃 되어 외치시던
갈보리의 청년, 그를 향한 영원의 연모

짙게 물든 노을빛 열 손가락 반주로
'Amazing Grace'를 정중하게 올린다

말없이 바라볼 뿐

사랑이 극極하면 말을 잃는가
아무 말 없어도 그득한 마음
숨길 수 없는 침묵의 언어로
내 안 구석구석 살피시면서
햇볕 같은 시선으로 채우신 임

거룩한 임 늘 그리하시듯
본향 찾아가신 그리운 임들도
사무친 나를 품고서
이슬비처럼 젖어드는 시선으로
아무 말 없이 바라만 볼 뿐

어느 봄 한나절을
눈빛만 뜨거운 채
말없이 앉아있던 너와 나
여기, 붉게 물든 서녘 하늘 바라보려니
이제야 알 것 같네
숙성된 사랑을 기다리느라
눈만 끔벅이고 있었다는 것을….

뒤늦은 감사

피는 꽃 볼 때마다
눈 맞추며 예쁘다고 감탄하면서
내 몸에서 피어나는 손·발톱에겐
한 번도 고맙단 말 한 적 없이
귀찮게 잘도 자란다고 투정만 했지

오늘 해질녘
손톱 발톱 자르면서 생각해보니
뼈를 깎는 아픔도 없이
때마다 잘라내도
그저 묵묵히 새순처럼 돋아나서
내 생명을 인증해준 그들
새삼, 꽃보다 귀하지 않을 수 없다고
뒤늦게 머리 깊이 조아리네

나, 살아오는 동안
이러한 무례 저지른 적
그 얼마나 많으리오

빛에 대하여 빚진 자

태초에 말씀으로 태어난 빛
그 빛으로 인하여 초록 세상 펼치고
꽃 벙글고, 열매 맺어 영글었거늘
때때로 그 빛 등지고 그림자만 보면서
어둡고 춥다고 투정하는 탕자를
빛 이불 고이 덮어 다독이시며
"나를 따르는 자는 어둠에 다니지 아니하고
생명의 빛을 얻으리라"
시들어가는 식물 다시 줄기 세우듯
어둠을 가르는 뇌성벽력 같은 말씀에
감은 눈 번쩍 뜨고, 막은 귀 활짝 열고
영혼에서 우러나오는 감사의 고백
뜨겁게 피워 올리면
돌덩이 같은 빚 탕감할 수 있을는지요

사랑의 열매

황량한 겨울 숲 언저리
생선 가시처럼 앙상한 나뭇가지에
조롱조롱 매달린 새빨간 열매들
백당나무, 낙산홍, 호랑가시, 산수유나무는
시린 하늘 굶주려 날아가는
참새, 콩새, 직박구리, 까치를 불러 모아
루비보다 귀한 열매 아낌없이 내어준다

달콤한 꿀은 벌 나비에게 바치고
그 꽃들 죽어서 진액으로 맺힌 보람
겨울 새들과 함께 나눔은
죄다 하늘이 돌보시는 귀한 생명들

한 해의 끝자락 자선냄비 딸랑일 쯤
너와 나, 붉은 하트의 거센 쿵쾅임에
초록 줄기 위 세 개의 빨강 열매
왼쪽 가슴 옷깃에 꽂는 '사랑의 열매'
나와 가족을 넘어 이웃에게로
들불처럼 활활 번져 타오를지니

아기천사들의 몸짓

세상이 캄캄할수록 반짝이는 너
꽃 중의 꽃 아가여 어서 오라
울어도 웃어도 찡그려도 예쁜 꽃
뉘 감히 네 구애를 뿌리칠 수 있으랴

자웅雌雄의 사랑으로
하늘이 내린 선물
그 비밀스런 몸짓을 눈여겨보라
잠잘 때 배냇짓은 떡잎의 잠꼬대요
고사리손으로 어미 젖무덤 움켜쥐고
생긋 눈 맞추며 옹알옹알 말의 싹 틔운다
넓은 바다 항해를 위한 배밀이로 기어서
뒤뚱뒤뚱 앉고 서며 천 번을 넘어져야
아장아장 간신히 뗄 수 있는 첫걸음
직립 인간 되는 길은 멀고도 험난하다

그러하지만
지구별의 내일을 책임져 맡길 이는
활기차게 반짝이는 야망의 별 아기천사들

아침의 나라 꽃동산에 무수히 내려와
희망찬 그 몸짓으로 군무를 추어다오

이 말씀에 길이 있어

무언가에 늘
허기지고 목마른 마음
이 말씀에 길이 보여
콩나물에 물 주듯이
끊임없이
읽고 쓰며 영혼을 적신다.

이 땅 하 많은 갈랫길
문명 속 미아나 되지 않을까
비바람 몰려올 때
이 말씀의 불빛 등대로
캄캄한 바다 노저어 간다.

창세기부터 요한계시록까지
깊이 씹고 잘 새김질하여
메마른 내 심신의 구석구석
영의 양식으로 토실하게 채운다면
어둑한 귀 트이고, 흐릿한 눈 열릴지니
매양 과식한들 어떠랴

애린愛隣 십자가의 도道가
이 말씀 속에 있기에, 때마다
한글과 영어를 겸해 육필로 새긴
신·구약 66권을
내 유일한 가보로 남긴다.

사랑

별을 향해 가는 긴 여정에
때때로
보이지 않는 것도 보고
들리지 않는 것도 듣고
갈 수 없는 곳도 가고
할 수 없는 일도 한다

이 신비한 힘은 무엇일까

시작도 끝도 없이 빙빙 돌면서 커지니
이는 도무지 늙을 기미가 없다

이것으로 해결 못 할 무엇이 있을까
이런 걸까, 사랑

웃는 영정影幀

친구가 웃는다
처음으로 꽃방석 깔고 앉아
이슬 젖은 눈망울들 일일이 눈 맞추며
무에 그리 좋은지
혼자서만 웃고 있다

'응애'로 힘찬 신고식
홀로 울며 나온 세상
희로애락喜怒哀樂 숨차게 오르내리더니
팔십여 나그넷길 발길 뚝 끊고
본향 찾아 떠나는 새론 여행길
그리도 좋은지
혼자서만 웃고 있다

지켜보시는 눈동자

낮이나 밤이나
선악의 강물 어디로 흐르는지
한 사람 한 사람의 내면을
빤히 지켜보시는 눈동자

늙은 올리브나무 밑동에서
꿈틀대는 티끌만 한 개미의 움직임까지
빈틈없이 살피시는 눈동자

사악한 뜻을 품고 선행으로 포장한 자,
살자, 살자 해도 힘든 세상
거꾸로 뒤집어 부르짖으며
소우주를 망가뜨리는 자를
무섭게 지켜보시는 눈동자

말씀으로 명하신 언어의 소통 팽개치고
악한 분노로 이글대며 무고한 젊음을 앞세워
총칼 움켜쥐고 핵까지 들먹이는
뭇 나라들의 못된 지도자여

잠시 흐린 눈 감고 깊은 묵상에 들지니
그러면 분명 알게 되리라
꿰뚫어 지켜보시는
저 불꽃같은 눈동자의 의미를….

큰 가시고기의 사랑법

출렁대는 파도 타며 자유를 누렸지만
소용돌이치는 가슴 많이 외로워
물살 거슬러 흐름 완만한 곳에
모래 둥지 마련한 수컷 가시고기
예쁜 짝 고이 모셔 신방을 꾸렸다네

목숨 걸고 사랑한 결실로
오보록이 까놓은 알들, 그들 남긴 채
야멸차게 떠나버린 어미
홀로 남은 아비는 눈물로 감내하며
점액질 뿜어 수초로 위장막 치고
밤낮 이레를 먹지도 자지도 않고
지느러미 부채질로 부화시켰다네

그리 태어난 새끼들은
기진한 아비의 주검을 먹고 자라나
아비가 자유를 누렸던 그 바다로 나갔다네

가없는 하늘 올려다보노라니

2천여 년 전, 골고다 십자가 형틀 위엔
더 큰 가시고기 앙상하게 걸려 있네.

피에타 Pieta

로마의 봄날
미켈란젤로의 '피에타상'을 향하여
성 베드로 대성당 5개의 문 중
우측 중앙으로 밀물처럼 쏠려갔다

거기 장엄한 슬픔 앞에
뚫어지듯 시선을 모으는데
두꺼운 방탄유리를 뚫고
내 가슴 속으로 들어온 피에타
맘 욱신거리고, 몸에 소름이 돋다

어머니의 주름 치마폭으로 감싼 무릎 위에
숨 없이 잠든 평안한 아드님의 용자容姿
아버지에 순종한 거룩한 고통
비탄을 삭이고 자애로이 굽어보시는
마리아 성모의 애통을 심혼으로 듣는다
-아가야, 내 사랑 아가야
 깨어나라, 일어나라, 어서 일어나라

그날, 나는 놓친 일행의 호통에
그제야 썰물 되어 나갔다

오늘, 세상 곳곳에 숨어 우는 피에타
2021년 아프간 카불공항 담장 위에도
처절한 피에타가 먹구름처럼 걸렸다

황제펭귄의 허들링

날개가 있어도 날지 못하는 새
하얀 배, 검은 등, 노란 무늬, 붉은 부리로
뒤뚱뒤뚱 동토의 해변을 걷고 있는
'남극의 눈물' 황제펭귄
오늘도 그들은 무리져 꽃불 켜고 똘똘 뭉쳐
안쪽 바깥쪽으로 끊임없이 자리바꿈을 하며
서로의 온도를 높이려 사투를 벌인다.

내일을 이어나갈 사랑의 결실로
단 한 개의 알을 수컷의 발등에 올려놓고
영하 40도의 강추위를 견디며
60여 일을 홀로 품어 부화시키는 부성
슬픔의 절벽 넘나들며 먹이를 나르는 모성
알을 깨고 나와야 하늘을 읽을 수 있는
새 생명의 꿈은 처절하다.

극지의 땅 고난의 바닷가에서도
오로지 살아남기 위한 절박함으로
목숨 걸고 허들링하는 황제펭귄처럼

사람들도
더운 피 흐르는 관계 속으로
풍덩 뛰어들어 서로 얼싸안으면
시린 세상 좀더 평온하고 따스해지려니

일곱 번의 오늘

어제로도, 내일로도 갈 수 없는
내게 주어진 시간은 오직 오늘뿐
일, 은총을 감사하며 찬양과 예배의 날
월, 달빛 같은 시심으로 달려가는 '싱글벙글'
화, 불 지피고 따스하게 딸과 친지 통화하고
수, 심신이 고달픈 교우 찾아 수수한 위로
목, 목마른 나무처럼 사유하고 읽고 쓰다
금, 몸과 맘 빨래하고, 간구하는 금요기도
토, 하늘바다 날아오는 토요사랑, 아들 목소리
비슷하게 반복되는 평범한 하루 속
날마다 새로운 일곱 빛깔 무지개 화음和音으로
랄 랄 랄 라 환희의 오늘을 노래하며
달이 가고 해가 가고 내가 간다

제야除夜의 촛불

영원 속으로 이어진
매듭달 마지막 이 한 밤
역사의 작은 종지부를 찍으며
고별의 플랫폼에 촛불 고이 밝힌다

장엄한 종소린 멀리 퍼지고
어둠보다 깊은 고요 속에
제 몸 아낌없이 사르는 초 한 자루
웰다잉Well-Dying을 몸소 실천해
뜨거운 헌신의 제단을 쌓는다

산다는 건 저 촛불처럼
홀로 흘리는 눈물, 아픈 내색 없이
위하여 밝히면서 그윽한 기쁨으로
강물처럼 바람처럼 흘러 흘러가는 것
성스러운 제야의 저 촛불
아름다운 마무리로 활활 타오른다.

5부

시간이 하는 말

고장 난 기계들

낡고 녹슨 바깥뿐 아니라
보이지 않는 속의 부속까지
여기저기 고장난 기계들
수선修繕집으로 꾸역꾸역 모여들어
짙은 구름 옅은 구름 얼굴로
수선공 앞에 엎드린다

나름의 명의들
찌르고 또 찌르고 온갖 약초 조제하고,
찍고 들여다보고 잘라내고 꿰매고 처방하고
수선수선 잰걸음으로 동분서주인데

겨울 지난 꽃처럼 스스로 피어나서
부디 남의 도움 없이도
먹고 걷고 이야기 나눌 수 있기를
순한 양의 간절한 염원
한 줄기 햇살 되어 먹구름을 가른다

구석구석 고장으로 처절하고 외롭지만

아침이면 떠오르는 저 붉은 햇덩이
내일도 사랑하는 이와 함께 보게 되기를

그 골목길의 유실물들

핼러윈의 그 밤
신명난 꽃송이들의 축제는
순식간 비명의 수라장修羅場으로 돌변해
어둠 속에 묻히다

참혹한 쓰나미가 휩쓸고 간
해밀턴 담장 옆 이태원 골목길엔
좀 전까지 주인의 온기 실었던
신발짝 안경 옷가지들이 나뒹굴고
마음 주고받았던 휴대폰도
어미 잃은 목매기처럼 울부짖다

딸의 신발짝을 움켜쥐고
아들의 재킷을 끌어안고
멈춰버린 시간 속에 갇힌 엄마 아빠들
그들의 통곡이 차가운 유실물을 적신다

떠난 이의 푸른 꿈은 허공을 맴돌고
쓰린 상처는 남은 자의 형벌인데,

홍해를 가르고 모세의 지팡이에 싹을 틔운 이시여
오직 당신만이 이 땅의 아픔을
싸매고 치료할 수 있으리니
크신 자비 베풀어 주옵소서

거미줄에 걸린 옥구슬

나뭇가지 사이 거미줄에
주렁주렁 매달린 옥구슬
아침 햇살에 영롱하다

가을 깊어가는 밤
외로워 잠 못 든 거미는
고운 님 그리며 밤을 지새워
찬 이슬을 꿰었을까

고독의 결실 옥구슬 목걸이
아침 햇살에 찬란히 반짝이다가
햇살 퍼지자 사라져버린
하룻밤 부푼 신기루 꿈
허공엔 빈 거미줄만 대롱대롱 걸렸다

그리움은 살살 달래는 것

퍼내어도, 퍼내어도
다시 고이는 샘물
시도 때도 없이 솟아나는 물줄기

건들면 소리치며 달려들어
핏빛 장미의 은빛 가시처럼
마구 찔러대는 달콤한 아픔

누구나 누군가의 그리움에 사무치고
무언가에 목말라 허허로운 날들

세월 길수록 추억으로 자라나고
몸집 더욱 불어나니
넌 늙을 줄도 모르는가, 그리움아
도무지 이길 재간 없으니
살살 달래면서 함께 갈 수밖에

마중물

어둑한 땅속 물을 깨워 데려오려
한 바가지 물을 부어 마중 보내고
힘을 모은 두 팔로 펌프질하면
콸콸 쏟아지는 물줄기
갈한 목축이고, 꽃밭 생기 돋우고
때묻은 옷 정갈히 빨 수 있었지

어둔 밤 고갯길로 마중 나온 엄마처럼
내 삶의 길목마다 말없이 찾아들어
겨울 추위 속에서 봄을 길어 올리고
위축萎縮된 마음 다독여 용기 돋아 주었지

어느 사이 해 설핏 노을도 사위는데
벗이여, 우리 서로의 마중물 되어
생의 들숨 날숨 기도의 펌프질로
감사와 기쁨의 샘물
부지런히 길어 올리자

멍때리기

우주 속 점 하나의 존재인 나
멈춤 없이 질주하는
세상만사 잠시 떨치고
개기일식 그만큼이라도
무상무념無想無念으로
시간의 사치 누려봄은 어떨지

그리하여도

내 안 품은 씨앗에
생명의 물, 온기, 빛 주시는 이
쉼 없이 돌보고 계시니

부메랑으로 돌아온 편리

예전엔 생명의 강에서
행복하고 자유로웠던 뭇 생물이
이젠 죽음의 강에서
숨을 헉헉대며 질식할 듯 몸부림친다

인간의 영악한 두뇌에서 탄생된
편리하고 기묘奇妙한 산물들
플라스틱, 나일론, 비닐 따위는
가볍고 질기고 비교적 값도 저렴하니
활개 치고 세상을 돌고 돌면서
거드름 피운다고 누가 탓하겠는가

별들이 반짝반짝 지켜보고
초록이 싫다고 손사래 쳐도
인공으로 만들어진 온갖 폐기물이
두둥실 바다로 산으로 침투하여
사이코패스처럼 무차별 살상하고
전쟁, 전염병, 온난화에도 가담한다

효용效用이 끝난 존재는
소멸해야 탄생의 축복이거늘
도무지 썩을 줄도, 죽을 줄도 모르는
편리의 버림치들이 고개를 치켜들고
무서운 부메랑으로 돌아와 찔러대니

사람이 저지른 일, 사람의 지혜로 키를 찾아
우리의 초록별, 내일의 생명이 무성토록
창조주의 노여움도 풀어드리자

불이 물을, 물이 불을 부를 때

겸손한 듯 강하고 힘차게
처소 따라 변화무쌍한 물,
온화한 듯 뜨겁고 무섭게
활활 타오르는 불,
둘 다 뭇 생명 생성生成의 으뜸이지만
어쩌다 폭발하면 사납게 돌변하기에
재난의 때 스스로를 이겨낼 최적의 힘
불은 물을, 물은 불을
애타게 불러 구원의 손 내미는 걸까

사나운 불씨 하나 몰래 침범하여
온 숲이 불바다로 신음할 때
번개같이 달려와
땅에서 쏘고 하늘에서 내려붓고
은총의 빗물까지 합세하여
화마를 제압하는 착한 물줄기

극한 폭우로 물바다 속 통곡소리에
처참한 곳곳으로 말없이 찾아드는 햇살

젖은 삶터의 절망을 품어 다독이며
보송하게 말리고 쓰다듬고
몸 바쳐 불 밝히는 저 큰 빛줄기

극과 극은 멀고도 가까운 것
제아무리 다른 성정일지라도
내가 너를, 네가 나를 불러 손잡으면
하늘처럼 고맙고 기특한 것을

빗물 소리 소나타

한밤중에 내리는 비
나의 유리창은 그대의 악기인가

가만히 창문 노크하는 소리
톡톡 차르르 정적을 흔들며
'빗방울 전주곡'을 연주하는가
오묘한 선율이 불러오는 노스탤지어
정체 모를 그리움의 소야곡

순간의 변주로 마구 두들겨대는
우르르 탕탕 천지가 진동할 듯
'운명 교향곡'을 흉내 내는가
산이 무너지고 해일이 밀려오며
존재하는 것들의 통곡소리

어느 사이 빗물 소리는
'G 선상의 아리아'로 나직이 가라앉아
깊은 슬픔 다독이고 어루만지며
내일이면 솟아오를 태양빛에

창에 맺힌 물방울마다
윤슬로 반짝일 '희망의 속삭임'이여

빚진 자

해 뉘엿뉘엿 기우는데
받아 누린 빚이 하도 많아
한번 헤아려나 보렸더니
눈치 빠른 자연이 먼저 손사래 치며
갚을 생각 아예 말고
그의 모습, 그 성정 닮고 배우며나 가란다

어버이는 하늘에서 빙그레 웃으시며
젖먹이 적 재롱으로 다 받았으니
물처럼 아래로 아래로나 흘리라고

그러면 또
알게 모르게 이웃에게 진 빚일랑은
어찌해야 하나, 염치없지만
함께 손잡고 오순도순 해결해 나가자고

아, 다함없는 크신 사랑
우주의 원장께 거저 받은 모든 것은
베풂으로 치환置換하여

소자 하나에게 표함이 당신께 한 거라니
나름의 최선으로 애쓰며 가면 될까요

이래저래 탕감蕩減으로
감사의 짐만 태산 같아라

반지하

봉 감독의 '기생충'에 들어앉아
기이한 그 몰골 세상에 고한 반지하

무슨 분노의 폭발이었을까
2022년 8월의 뇌성벽력 물폭탄은
어둑한 지하의 심장을 조준照準한 듯
빈약한 햇살 안고 버텨온 생명들
뼛속까지 한을 안겨 내몰았다

반지하는 떨며 통곡한다
한파 속 물에 빠진 생쥐처럼

애면글면 장만한 가재도구들
속절없이 쓰레기로 모조리 토해놓고
주인 떠난 어둠 속으로
햇살 한줄기 애써 찾아들어
뜨거운 눈물을 훔친다

관악의 품에서

높은 봉, 깊은 골
옛 한양의 요새지를 이루고
지금도 묵묵히 서울을 지키는
해발 632m, 의연한 그 기상氣像이여

정기精氣도 충만한 관악산 그 품에는
많은 사찰과 사연 담은 유적들,
시절 따른 문화시설, 휴식 공간이
노송 밑 돌담길 걷는 걸음 머물게 한다

우뚝한 연주봉 그 아래 골짜기엔
계곡물 쫄쫄쫄, 산새들 시절지질
봄 철쭉, 여름 초록, 가을 단풍, 겨울 고요
사색의 품, 치유의 숲에서 나 깊어가리

시간이 하는 말

또 한 해의 끝자락에 서서
지난해보다 더 매섭게 내려치는
시간의 말을 듣고 있다

-내 말을 그대의 심장에 새겨들으시오
아무리 기를 써 뛰어 보았어도
나와의 경주는 오만이었음을
그대는 철저히 자각하고 있구려
나는 허공을 뚫고 날아다니는 날개
살인 광선과도 같은 위력으로
일 초 일 초 갉아 먹으며
쉬는 일 없는 무한의 움직임으로
그대 위를 달리며 그림자를 남기고 왔다오
쏜살처럼 달려들어 그대의 젊음을 도적질한 나
거센 물살로 사물을 덮쳐버리고 삼키는 횡포
하지만 나는 영혼의 생명
나만이 위대한 주인이라
얽힌 걸 풀고 모든 걸 밝혀내고 해결할 수 있다오
그대, 시간을 아끼는 철저한 구두쇠가 되시오

'너희는 잠깐 보이다가 없어지는 안개니라'
그대가 배정받은 그대의 시간에
일점을 뺄 수도 보탤 수도 없으니….

나는 겸손히 머리 숙이고
앞서 흘려보낸 시간이
남은 시간의 스승 되길
깊고 아프게 되새겨본다

집에 대하여

엄마 뱃속 아기집은
내 생명의 첫 집
열 달 살고 나와 눈 떠보니
아빠 엄마는 나의 안식처

집은 저마다의 거룩한 성城
그에도 표정이 있고 온도가 있다
더위와 추위, 눈보라 비바람 피하며
원시의 토굴이나 움막에서도
아이 낳고 쓰담쓰담 살았나니
유목민의 천막이든
소로HD Thoreau의 오두막이든
몸과 맘 편안하면 즐거운 나의 집

지구별 큰 집에서 다채롭게 살아가는 뭇 생명들
선 자리에서 땅속 뿌리박고 사는 나무며
허공에 줄을 쳐 포획의 집 짓는 거미
창자에서 실 뽑아 고치 만드는 누에
제비는 흙에 침을 이겨 지은 둥지에서

까치는 입이 헐고 꼬리 깃털 빠지도록 마련한 집에서
새끼 치고 돌보다가 때 되면 그 집 버리고 떠나거늘

내 영혼의 집 지어주시려 내 몸 만드신 섭리
나, 그 몸 벗고 떠날 때
남긴 '존재의 집'*은 오직 시 한 줄일지니라.

*독일의 실존주의 철학자 하이데거의 말.
'인간은 언어 속에 거주한다.'고도 말했음.

새까맣게 탄 내

아이쿠, 어쩌지…
집 안 가득 오감을 후비는 냄새
노릇하고 고소한 누룽지 원했건만
그만 불 조절과 시간을 놓쳐
새까맣게 타버린 냄새라니
정신 똑바로 세웠어야지

산딸기의 달콤 향긋한 향내
거저 풍기는 줄 알았더냐
햇빛과 비바람 애써 다룬 값이라네

쌀 한 톨의 무게는
농민의 뼈아픈 진액을 품고 있거늘
까맣게 탄 쌀눈이 쏘아보는 듯하여
한참 동안 머리를 조아렸다네

함께 열어야 열리지

그리운 금강산은 멀기만 하다

잘린 산하는 요통腰痛 중인데
어인 일로, 금강산 길이 열렸다
1999년 5월, 효심 붉힌 조카들이
황혼의 두 오라버니와 막내오라범댁
그리고 두 언니와 우리 부부를 불러
봉래호 승객 속으로 등 떠밀다
꿈만 같던 3박 4일, 아직도 그 여정 선연한데
열릴 듯 다시 굳게 닫혀버린 남·북의 문
마주 보며 70여 년 으르렁거리면
짐승이리도 지치련만 어인일로
이 동족은 아직도 분노로 들끓는가
어느 귀인이 내려와 다스리면 열릴까
두 손 맞잡고 피 토하는 간구로 두드리면 열릴까
뚫려있는 하늘과 바다로 새들은 훨훨 넘나드는데
우리 아이들은 언제쯤 오가려나
그리운 금강산은 다시 멀기만 하다

허락된 무소식

연락 끊긴 지
몇 해쯤 되었을까
바람결에 묻어온 쿵한 소식 하나
넌 이미 하늘여행 떠났다고

저 하늘 한 자락이 흐릿한데
소꿉놀이 옛 얼굴 정답게 다가와
도래솔 밑 민들레처럼 해맑게 웃고 있네

한 시절은 강물처럼 서로 손잡고
그 산과 들녘 바람처럼 쏘다녔는데
세월이 무시로 흐르는 동안
안부마저 무심히 끊겼었구나

이젠 먼 길 떠나버린 너
영영 무소식이라 해도 어쩌겠니
순리로 알고 다독여야지

발문跋文

사유 깃든 황혼의 노래

윤기현 (정신과 의사, 교수)

<발문跋文>
사유 깃든 황혼의 노래

(정신과 의사, 교수) 윤기현

 노을은 아름답다. 동틀 무렵의 아침노을도, 해 뉘엿뉘엿 저무는 저녁노을도 함께 신비스럽다. 어느새 황혼에 이른 金貞義 님이 두 번째 시집으로 〈노을꽃〉을 피워냈다. 시의 갈피갈피 사유가 깃든 황혼의 노래다. 행간마다 체험의 진실이 담긴 김정의 시인의 작품을 나는 좋아한다. 저자의 아들로서뿐 아니라 한 독자로서. 내가 이 시집의 발문을 쓰는 것은 보람이요 영광이다.
 사람은 누구나 자기만의 빛깔과 향기가 있다. 각자 내면의 소리에 최선을 다하면서 하고 싶은 일을 할 때, 행복하고 빛이 난다. 나의 어머니 김정의 님은 그저 읽고 쓰는 일이 즐거워서, 지금도 그 일에 몰두한다. 당신의 태중에서 열 달을 살고 나와, 밤낮없는 돌봄으로 자란 우리 삼 남매에겐 여전히 젊은 엄마인데, 팔십 중반을 넘고 있다니, 도무지 실감이 나지 않는다. 세월은 몸을 할퀴어도 마음까지 훔치진 못하는지, 옛 제자들의 스승의 날 초대에 사무엘 울만의 '청춘Youth'

을 낭송하며 되레 그들의 용기를 북돋운다는 김정의 시인. 그렇다. '영감이 끊어져 정신이 싸늘한 냉소의 눈에 덮이고/비탄의 얼음에 갇힐 때 스물이라도 인간은 늙는다/머리를 높이 쳐들고 희망의 물결을 붙잡는 한/여든이라도 인간은 청춘으로 남는다.' 시 '청춘'의 구절이다.

金貞義는 경주 김씨 국헌菊軒 님과 우주 황씨 희녀熙女 님의 삼남 삼녀 중 막내로 태어났다. 저자의 첫 시집 〈보이지 않는 끈〉의 시편마다 삽화를 그린 외사촌 누나 김인자는 앞서, 2017년의 두 번째 수필집 발문에 저자의 글쓰기 토양을 혈연의 시선으로 상세히 짚어 주었다. 그는 어머니보다 20년 손위인 큰외숙의 막내딸로서 국어교사 퇴임 후 서예가로 활동 중인데, 어머니와는 한 울에서 자랐기에 나는 누나를 통해 외가에 대하여 좀 더 알게 되었다. 나의 외조부께선 항시 필묵을 옆에 두고 한시를 짓고 읊었으며, 특히 '精神一到, 何事不成'을 강조하시고, "훨씬 크거라, 커야 한다."라며 '마음을 넓고 크게 쓰라'고 귀에 쟁쟁하도록 이르셨다. 또한 저자의 글에서 짙은 감성의 물결을 만나는 것은 다정다감하신 외조모의 성정에서 비롯했을 것이다. 큰외숙은 14세부터 하루도 빠짐없이 써온 일기장 70권이 KBS에 발탁되어, '11시에 만납시다' 프로에 출연하셨고, 둘째 외숙은 국문학 교수로 고소설론 등 여러 권의 전문 서적을 집필하셨으며, 여름밤이면 외가의 뒷동산에서 시조의 대가인 가람 선생과 신석정 시인이 잔을 기울이며 함께 풍류를 즐기셨단다. 막내 외숙은 토인비 정신을 거론하며 자주 가족 단합대회를 열고, 두 이모님도 많은 인문학 서적을 탐독하셨다. 외가의 이야기는 무척 흥미롭고도 다채로워, 어머니의 글쓰기 토양을 능히 감지할 수 있다.

작가 김정의는 중학생 때 마을 어르신들이 객지의 자녀들에게 보내는 편지를 기꺼이 대필해 주면서 글쓰기에 재미를 붙였다. 학창 시절 교지와 교보에 열성으로 글을 올리고, 교직 중엔 영어 담당 외에도 문예반 지도와 학생들의 도서 열람에 열정을 쏟았다니, 글에 대한 열정이 짐작된다.

결혼 초기, 어머니는 신장결석으로 큰 수술을 받았다. 당시, 어린 세 자녀와 시골에서 올라온 학업 중의 친척들 뒷바라지로 제대로 돌보지 못한 몸은 수술 후유증으로 무척 힘드셨을 것이다. 1970년대 초, 공직자인 아버지의 전출로 정든 전주를 떠나 낯선 서울살이를 하게 되셨다. 그런 중에도 당신의 세월은 거침없이 흘러 내 집도 마련하게 되고, 우리 셋도 중·고와 대학생으로 진급했다.

1990년 5월, 우리 삼 남매는 어머니의 생신 기념으로 여의도 '동아문화센터' 수필반 등록증을 끊어 드렸다. 아내로서, 자녀들 돌보는 어머니로서, 또한 교회 봉사며 무척 바쁜 중에도 독서에 열중하며 밤마다 일기를 쓰시던 어머니. 우리는 당신의 글쓰기에 대한 목마름을 그제야 엿볼 수 있었던가. 50대로 들어선 어머니의 허허로움을 어찌하면 채울 수 있을까를 헤아렸다. 그때부터 어머니의 글쓰기는 속도가 붙기 시작했다.

 1996년에 미국으로 건너온 나는 매주 토요일 아침 7시면 전화선을 타고 부모님께로 날아갔다. 어머니와는 친구가 되어 여러 분야의 이야길 주고받았다. 2015년 1월 부친의 장례식 일주일 후, 남산 '문학의 집'에서 거행된 김정의 작가의 창작수필 문학상 수상을 축하하려고 동생과 함께 꽃다발을 들고 참석했다. 거기서 많은 창작수필 회원들을 뵐 수 있었다. 그 화애로운 글 가족의 분위기에 흐뭇했다. 늦은 나이에 출발했지만 세 권의 공저와 두 권의 수필집, 그리고 시인이 되어 두 번째의 시집을 낸 당신께 뜨거운 박수를 드린다. 어머니께서 말씀하신 대로 보이지 않는 손길의 은총과 가까이서 살펴주고 이끌어주신 스승님, 여러 문우님들의 사랑이 함께 했기에 맺힌 열매리라. 아들로서 깊은 감사의 인사를 올린다.

 아버지 떠나신 이후부터 시작한 어머니의 시 쓰기도 8년이 흘렀다. 그보다 훨씬 앞서 〈창작수필〉오창익 박사님과 만남으로, 2004년 첫 수필집〈햇빛 노래하는 풀꽃〉을 냈을 때, 시조 시인이신 고 최승범 전북대 명예교수님은 책 머리에 '마음밭, 그 시적 산문'이란 제목으로 작품 해설을 올린 바 있다. 나 또한 어머니의 수필 갈피 갈피에서 시적 색채와 숨결을 느끼며 '산문으로 쓴 서정시가 에세이'라는 말을 떠올린다. 저자는 이미 시인으로서의 싹도 품고 있었던 것 같다.

김정의 작가는 3년 전인 2021년 가을에 첫 시집 〈보이지 않는 끈〉을 발간했다. 저자의 스승이신 노유섭 시인은 그 책의 작품 해설에서 〈공동체 삶을 향한 진정성의 시학〉이란 제목으로 시 본문을 예시하며 '생명체, 그 조화로운 세상 꿈꾸기, 진솔한 어휘의 시적 변주, 체화된 기독 사상의 발현, 고향과 가족 그리고 어머니'란 시평을 단락별로 해주셨다. 가까이서 지켜보며 지도하신 분의 애정 깃든 해설이니, 어느 평론가의 글보다 진솔하게 다가오기에 다시금 새겨본다.

  - 김정의 시인의 시는 고향과 어머니가 존재의 근원으로 자리 잡아 근원적 향수와 뿌리의식을 불러일으킨다. 이러한 근원은 좀 더 나아가면 가족과 친지, 이웃에 이르러 존재론적 관계망을 구축하고 좀 더 시야를 넓혀 자연과 인간, 인간과 인간의 관계망을 형성하기에 이른다.

  하나의 우주 안에서 개체는 하나의 원으로 연결된 하나의 생명체의 다름이 아니다. 시인은 현시대에 우리가 처한 상황에서 요구되는 정의와 사회적 가치 추구란 명제를 진 진정성 있는 진솔한 시적 언어로 보여주고 있다.

김정의 시인의 두 번째 시집 〈노을꽃〉에도 우주, 환경, 자연, 가족, 인연들을 신앙의 뿌리로 아우르고 있음이 예의 해설과 일치한다고 생각한다.

매주 토요일 아침, 어머니와의 통화에서 가장 신나는 소식은 '시창작아카데미' 회원들 이야기다. 다재다능한 분들이 많다고 자랑을 곁들이신다. 가족처럼 끈끈한 유대를 지니고, 월요일 아침마다 자작시를 발표하며, 때때로 문학기행도 함께 한다는 어머니의 즐거운 창작활동이 얼마나 감사한지.

2년 전, 나는 잠시 한국 방문길에 노유섭 교수님과 시창작 회원들을 샤로수길 옆 한식집에서 만나 뵐 수 있었다. 듣던 대로 화기애애한 분위기였고, 다감한 분들이셨다. 그토록 좋으신 분들과 함께 창작활동을 하시는 어머니가 행복해 보였다. 나는 이 소중한 만남이 오래 지속되길 바란다. 어머니께선 한 번 맺은 인연을 무척 귀하게 간직하기에, 지금도 60년 전의 제자들이 연락을 끊지 않고 만남을 계속하고 있는 거라 여긴다.

나의 어머니 金貞義 님은 오늘도 글을 읽고 쓰신다.

그리워서 쓰고, 즐거워서 쓰며, 고독해서, 사랑해서 쓴다. 별 탈 없이 황혼길에 이른 삶이 감사해서 쓰고 또 쓰신다. 같이한 인연들과 자연에 대한 애정이 삶의 궤적마다 고스란히 녹아있다. 이번 시집의 표제작인 '노을꽃'에도 대자연의 순환을 통한 희망을 내포하고 있다. 동터오는 여명의 노을 못지않게 석양의 노을도 곱고 아름답다.

　김정의 시인의 사유 깃든 글이 독자님들, 특히 황혼기를 맞은 분들께 위로와 기쁨이 되길 바란다. 글은 감동으로 읽어주는 사람이 있을 때 빛을 발하는 법, 이 '노을꽃' 찬연히 빛나고, 김정의 작가님 오래도록 강건하옵길 손 모아 기원한다.